별 하나의 그리움

온빛 김정희 시인 감성시집

별 하나의 그리움

김정희 시집

도서출판 여름

그리움 하나씩 나누어 드립니다

사람들은 제가 몇 권의 시집을 낸 것으로 알고 있습니다.

동인지에 시가 여러 곳 실리고, 많은 행사에서 자작시를 낭송하고, 대전 신문에 연재되고, 한국예술인복지재단에서 예술인 활동증명도 받고 하여 이 책이 첫 시집이라 하니까 다들 놀랍다고 말씀하십니다.

저는 그냥 시를 써서 필요한 곳에 사용하면 되지 구태여 시집을 출간할 필요성을 느끼지 못했는데 이제는 흩어진 시를 한곳에 모아야 되겠다는 생각을 하게 되었습니다.

저의 사부님이신 겨레시인 성재경 선생님께서도 시인의 명함은 시집이라며 시집이 없으면 어디 가서든 명함을 못 내민다고, 시도 많은데 왜 시집을 내지 않느냐고 독촉하셨습니다.

막상 시집을 묶으려 하니까 두려움과 황홀감이 교차합니다.

그래도 사랑하는 사람들에게 그리움 하나씩 나누어 드린다고 생각하니 행복합니다.

출판기념회까지 끝나면 다시금 가슴에 고이는 사랑을 풀어내어 한층 더 성숙한 그리움을 임들에게 드릴 것을 약속합니다.

그동안 지켜봐 주신 분들께 존경과 감사를 드립니다.

작품 하나하나 꼼꼼하게 감수하시고 시평을 써 주신 겨레시인 사부님과 아름다운 글 집으로 엮어주신 도서출판 여름 정수연 대표님께 고개 숙여 감사드립니다.

                    이천 이십 오년 시월 온빛 **김 정 희**

>>> 차례

그리움 하나씩 나누어 드립니다 | 4

별 하나의 그리움 | 10
대전부르스 0시 축제 | 12
아직 늦지 않기를 | 14
유관순 열사를 기리며 | 16
코스모스 사랑 법 | 18
바다와 어머니 | 20
나의 어머니 | 22
가을 낙엽 | 24
가을 빛 | 26
가을 단감 | 28
호수 | 30
11월을 보내며 | 32
겨울 문턱에서 | 34
봄나들이 | 36
봄을 입다 | 38
가을바람 | 39
하얀 눈 | 40
눈꽃 | 42
외할머니 | 43
인생드라마 | 44
얼음 꽃 | 45
시낭송 | 46
봄 길 | 48

모닥불 | *49*
봄의 소나타 | *50*
아침의 기도 | *52*
기차 | *53*
주인 | *54*
그리움으로 가는 길 | *55*
아침햇살 | *56*
구름 | *57*
봄동 | *58*
어머니의 텔레파시 | *59*
물오른 석류 | *60*
어머니의 초능력 | *61*
내 마음의 깃발 | *62*
봄의 전령사 | *64*
미련 | *65*
마음의 소리 | *66*
꽃바람 | *68*
꽃등 | *69*
쑥 캐던 날 | *70*
봄비 | *71*
사계 | *72*
계절과 나 | *73*
6.25 그날의 아픔 | *74*
어머니의 문전옥답 | *76*
꽃으로 온 너 | *77*

▶▶▶ 차례

보문산 보리밥 | 78
어머니의 삶 | 80
어머니의 물지게 | 82
내가 좋아하는 일 | 84
예복(禮服) | 85
호국영령을 기리며 | 86
장미의 유혹 | 88
등대 | 90
할미꽃 | 91
한복의 아름다움 | 92
도포의 멋 | 94
유월의 임이시여 | 96
무궁화 꽃 | 98
사랑한다는 것 | 100
해를 낳는 바다 | 102
여백(餘白) | 103
열정 | 104
건강의 소중함 | 106
접시꽃 | 108
정년 없는 인생 | 109
어머니의 빨래터 | 110
여름 바다 | 112
쉼 | 114
첫눈 | 116
아련한 그리움 | 117

장마와 호수 | 118
호박꽃 | 120
사과 | 122
살풀이 | 123
약장수 | 124
다부동 전투 | 126
추억의 배추된장국 | 128
내 생애 은퇴란 없다 | 130
가을밤 별 이야기 | 132
고구마 | 134
첫사랑 | 135
닮은 것이 아니라 닮아졌다 | 136
녹차의 향기 | 137
시의 찬미 | 138
8월의 하늘 | 140
합창의 메아리 | 142
아름다운 대청호 | 143
감동 | 144
레기스탄의 환생 | 146
축복의 땅 | 147

〈시평〉 148

별 하나의 그리움

까만 밤 무수히 많은 별들이
내 까만 눈 속에 쏟아져 내리고
어느 빛난 별 하나
가슴에 담아 꿈을 그리네
수많은 별 중에 섬광으로 다가와
고운 꿈꾸게 한 그 별

별 요정 만나
다이아몬드 촘촘히 박힌
드레스와 유리 구두 신고
은하수 다리 건너 구름 마차 타면
나는 어느 듯 별나라 공주

산을 사랑한 별은
산마루에 내려앉고
나무를 사랑 한 별
나뭇가지에 걸터앉듯 걸려도

수 억 광년을 돌고 돌아
내 눈 속에 내려앉은
그 별 하나
새벽이면 또다시
온 길로 돌아가나니

아직 하고 싶은 얘기는
입도 못 떼었는데
헤어짐이 못내 아쉬워
쏟아지는 은하수 물결에 어려 오는
애틋한 그리움
언제 다시 만날 수 있을까
하늘 가득 달무리 별무리만 빛나네

대전부르스 0시 축제

잘~ 있거라 나는 간다
이별의 말도 없이
붙잡아도 뿌리치는 목포행 완행열차

수많은 이야기와
미련을 뒤로 한 채
기적소리 슬피 울며 떠나가던
대전발 영시 오십분 열차는 옛말

대전부르스 0시 축제
못 잊어~ 못 잊어~
KTX SRT 바람처럼 내달리고

방랑의 김삿갓 마음 붙들리는
유명가수 노래와 춤
먹거리 볼거리 살거리
대전역부터 옛 충남도청 1킬로 길

떠날 수 없는 거리
떠난 사람도 돌아오는 상봉의 거리
문화와예술 축제 과학기술의 세계적 거점 도시

전국에서 모여드는 살맛나는 대전
아직도 돌아오지 않는 그대여
묶인 발 풀고 어서 돌아오라

이 밤도 눈물에 젖어오는 추억
기적을 울려라
폭죽을 발하라!

아직 늦지 않기를

아직도 나에게 시간은 있는 것일까
조금 철들어 은혜를 갚으려하니
너무 늦었다는 어머니 말씀에
가슴 한가운데 큰바람이 지나간다

맛난 것도 사드리려 해도
맛을 못 느끼시고
여기저기 구경시켜 드리려 해도
걸음걸이가 힘드시고

모든 일손 내려놓고
편히 쉬시라 해도
안 아프신 곳이 없다하시네

뒤늦은 회한으로 매일 밤
어머니 곁에서 시간이 멈춰지고
안타까움에 밤새 서성거려도
별빛조차 희미해지는 마음

입맛이 없으신 어머니를 위해
새벽마다 구수한 누룽지 죽을 쑤고
어떻게든 소생시키고파
간절한 기도처럼 아침상을 올린다

아직 늦지 않기를 바라는 마음으로
저어하는 시간
몸부림 같은 내 영혼의 물결로
어머니 눈물 같은 사랑이 흐른다

유관순 열사를 기리며

일제의 총칼에 무참히 짓밟힌
삼천리금수강산 내 나라 내 민족
대한사람을 일본사람 만들려고
이름까지 바꿔야 했던 어두운 통로

애타게 독립을 부르짖던 가슴속의 한
유관순 열사의 하늘 끝 외침은
아우내장터 타오르는 횃불이 되어
삼천리 방방곡곡 민족혼으로 살아나
용광로처럼 끓어오르는 애국심
스스로 자기 몸을 태우는
도화선의 불꽃으로 사라지던 님이여

내 한 목숨 바쳐 독립을 되찾고자
죽기를 서슴지 않던 위대하신 열사여!
"나라에 바칠 목숨이
오직 하나밖에 없는 것이
이 소녀의 유일한 슬픔입니다."
그 목숨 헛되지 않아
위대한 대한민국 바로 섰으니

이젠 우리가 지켜가겠습니다
다시는 나라 빼앗기는 슬픔 없이
눈 부릅뜨고 똘똘 뭉쳐
아름다운 우리나라 영원히 지키리니
하얀 날개 붉은 입술 무궁화 꽃으로
해마다 우리 가슴에 피어나소서

코스모스 사랑 법

키 작은 코스모스가
키 큰 코스모스 얼굴에
가녀린 머리를 기대고
수채화 빛 맑은 하늘을 바라보며
행복한 웃음을 머금고 있다

하늘을 만져보고 싶어
까치발로 한껏 키를 늘여보고
두 손을 높이 뻗어 봐도
멀고 먼 가을 하늘

외롭다는 것은
나만의 작은 생각
서로 손을 맞잡고
어깨를 기댈 누군가가 있다면

하얀 구름에 숨은 하늘도
자꾸만 옷매무새 흐트는 바람도
미워하지 말아야지
더욱 더 사랑해야지

가을을 수놓는 코스모스는
그 이야기를 전하러
오늘도 먼 길을 달려와
무리지어 하늘 노래를 합창하고 있다

바다와 어머니

바다는 어머니 그 어머니 품속
물고기도 품어 주고
파도도 품어주고
밤하늘의 별들도 품어주는 어머니 바다

그것은 이미 물결이 아니다
포용과 관용의 극치
세상의 온갖 쓰레기와 악취부터
험상궂은 오물들도 감싸 안다가
마침내 저 광활한 우주까지

바다라고 아프지 않겠는가
바다라고 서럽지 않겠는가
넘치는 사랑으로 하늘 빛 물들여
아무도 모르게
아무 일도 없던 양
세상에 그을린 나까지도 안아주는 바다

그런 것을 사랑이라 한다면
어머니 밖에 또 다른 이름 있을까
바다처럼 깊고 넓은
어머니 품속

나의 어머니

보고 있어도 보고 있는데도
늘 그리운 나의 어머니

자식을 위해서라면
천하장사처럼 억세고
힘든 일 온 몸으로 받아내시던
여리지만 강했던 나의 어머니
고우시던 손 굵어진 마디마디는
사랑이 들어찬 흔적

자신을 위해선 동전 한 잎 쓰지 않고
한 땀 한 땀 쌈짓돈 모아
못난 자식 부끄러울까봐
슬그머니 주머니에 넣어주시는
따뜻한 아랫목 같은 어머니

통뼈인 줄만 알았던 어머니 손목
하염없이 가늘어 보이고
무쇠도 이고 다니던 머리엔
하얀 눈 서릿발이 덮여
바람만 불어도 쓰러질까 두려운데

아직도 자식 위해 무언가 해주고 싶어
누운 자리에서도 두리번거리는 그 마음
내가 아무리 애를 써도 갚을 수 없는
하늘을 품은 사랑 나의 어머니

가을 낙엽

가을이 깊어갈수록
나뭇가지 바람에 스칠 때마다
진저리치는 몸짓으로
나뭇잎과 아쉬운 이별을 한다

나무는 아쉬워 바람결에 울며
바람종 소리 숲에 가득 차지만
저마다 알록달록 천연염색 채색 옷
뽐내듯 갈아입은 나뭇잎들은
나무의 마음을 아는지 모르는지
철부지 소녀가 된다

짧은 여행인 줄 알지 못하고
사춘기처럼 자유를 찾아 날개를 단 듯
바람 타고 넓은 세상 날아오른다

공원의 작은 벤치 위에도
아파트 빌딩 숲 사이에도
강강술래 큰 원을 그리기도 하고
놀이동산 원판 돌리기도 하면서
아주 신난 회오리바람으로 날아다닌다

그러다 어느 새벽이 오면
사람들 발길에 채어 멀어지거나
청소부 빗자루질에 쓸려갈 적에
나무를 기억하게 될 가을 낙엽들

가을 빛

나는 고운 가을을 사랑한다
호수보다 깊고
쪽빛보다 파란 하늘

내 이름 가을로 짓고 싶다
가을을 비추는 아름다운 빛
가을을 수놓는 싱그러운 꽃
내 가을 이름으로 함께 가고 싶다

가을아 너의 다른 이름은
장난꾸러기
가을바람 짓궂은 마술 놀이와
가을 햇볕 상큼한 요정 흉내에
나도 장난꾸러기 되지만

온갖 과일 달콤하게 맛 들여놓는
가을의 맛난 요리시간
노랗고 빨갛고 주홍빛 물들이는
저 가을날의 색칠 예술시간
나도 가을 동호인이고 싶다

맛과 멋과 색들이
하늘에서 산으로 다시 들녘으로
뚝뚝 떨어져 내리는 가을은
분명 나의 계절인가 보다

가을 단감

가을에 찾아온 손님이
손바닥 가득 내어 민
나무에서 알맞게 익은 단감

한입 베어 물고 바라본 하늘은
나의 입안에 가득한 가을처럼
가을걷이 축복이 내리고 있다

가을은 만물이 무르익어
제각기 부지런한 결실을 하기에
절로 신명난 농부들 어깨춤
그 풍성한 뒤안길 미담 하나

까치 만찬을 위하여
마지막 여린 가지 우듬지마다
빠알간 단감을 남겨 놓는 인심은
넉넉한 가을을 한껏 북돋고
욕심 한 가닥 내려놓는 가을의 정취

배꽃 진 나무에선 달콤한 배가
사과 꽃 곱던 사과나무 상큼한 사과
노오란 은행잎 사이 은행열매는
모든 병에 약이 될 것처럼
동네방내 냄새 풍기며 생색을 내도

가을은 감사가 있어야 진정한 가을
햇볕과 샘물 바람에 감사
봄부터 여름 땀 흘린 농부에게 감사
그것을 구매해서 즐기는 모두에게 감사
오늘도 단감 같은 가을이 흐르고 있다

호수

호수에 내비친 그리움
닿을 듯 말 듯
손 내밀어 보지만
이내 물결 파장을 일으키며
거품처럼 스러져간다.

아스라이 떠오르는
고운 기억들
빗물처럼 미끄러져
다시 호수 속에 잠기면

곱게 묻어 둔
아픔 슬픔 안타까움
모두 정화시켜
미소로 기억하리라

눈물도 그리움에 물들면
하늘 빛 바다 빛 넘쳐나는
호수가 되는가

달빛 호수 별빛 호수에
가끔씩 두둥 두둥실
떠오를 때마다
호수 같은 내 마음 속에
꼬옥 꼭 가둬두리라

11월을 보내며

11월은 떠나보내는 달
노란 은행잎
늦가을 찬바람에 밀려
차마 나무에게 작별인사도 못하고
우수수 떨어져 내린다

바닥은 금세 수북한 은행잎으로
반짝이는 눈물의 강
가을의 마지막 잔치 같지만
그 잔치도 곧 끝날 것이다

다시 안 올 11월을 위하여
아니 내년 더 나은 11월을 위하여
노란 꽃잎 같은 은행잎
몇 개를 주워
책갈피 사이에 끼워 넣는다

누구에게나 은행나무 이별이 있어
멀어져 가는 잎들을 바라보며
11월 아쉬움에 눈물짓지만
책갈피에서 잠든 은행잎이
새 봄을 부르면
푸른 은행잎 나무를 장식하듯이
우리 사랑도 더 큰 사랑이 올 것이다

겨울 문턱에서

가을의 끝을 완전히 밀어내고
이제 12월 겨울의 여왕님이
높은 왕좌에 오르셨다

길가는 사람마다 두꺼운 외투
바람이 샐까 꼭 붙들고
발 동동 출근하는 모습

아무리 추위가 에워싸도
어제 했던 일 어김없이
오늘도 하려고 새 아침을 열지만

마당 쓰는 손 점점 굳어가고
시린 손 호호 불 때마다
겨울의 문턱을 넘나든다

겨울 여왕의 심술이 차가워도
아랫목 따끈한 군고구마 군밤
행복을 빼앗지는 못할 것이고

얼마 있으면 하얀 솜털이
하늘에서 내려와
세상을 따뜻하게 덮어 주겠지

다시 겨울의 꿈을 꾸나니
부디 아무도 춥지 않게
골고루 덮어주렴

봄나들이

어느 비단이 이 꽃잎보다 아름다울까
선녀의 날개옷이 이 꽃잎 같았을까
봄 햇살에 빛나는 꽃들의 뽐냄
이 고운 빛깔은 어느 세상에서 온 것일까

나는 진달래 분홍 꽃잎으로
플레어 원피스 지어 입고
목련 꽃잎으로 챙 넓은 모자를 만들어
그 위에 한아름 벚꽃을 장식하고

민들레꽃으로 원피스 단추를 달아야지
신데렐라 유리 구두 앞에는
개나리꽃 노란 리본을 붙이고
온 동네 봄나들이 가고 싶다

조팝나무 하얀 줄기 꽃으로
짧은 목걸이랑 팔찌 만들어 끼고
아지랑이 따다 양탄자 엮어서
가장자리에 노랑나비 하양나비 수놓아

나비들이 이끄는 손 마주잡고
앞장서라 나비야 봄 공주님 나가신다
꽃 피는 들녘 봄바람 부는 산속
나비랑 춤추며 봄나들이 가고 싶다

봄을 입다

이상도 하지
촌스러울 법한 꽃무늬가
예쁘게만 느껴지니

눈으로만 보던 꽃을
꼬옥 끌어안아 보기도 하고
부끄러움도 없이 안겨 가면

어느새 나는
아름다운 꽃무늬로
옷을 기워 입고

내가 꽃이 되고
꽃이 내가 되어
봄을 입었다

가을바람

서늘한 가을바람이
텅 빈 가슴을 뚫고 지나간다

바람 따라 내 마음으로 물결쳐 오는
그리움의 회오리인양

기약 없는 억겁의 시간 속에
시작도 끝도 모를 바람의 소용돌이

그렇게 생각의 숲에
쓸쓸히 낙엽은 지고 흩날리는가

낙엽은 바람의 역사에 한 점으로 남아
다시는 돌이킬 수 없는 머나먼 세월

하얀 눈

하늘의 신비로움을 안고
하얀 눈이 소록소록 내린다

세상 어느 곳이나
곱게 내려앉는다.

차별을 두지 않는 눈
차별을 두지 않는 모닥불
차가움과 따뜻함의 만남은
하늘과 땅의 향연

모닥불 옆에서
두 뺨이 붉어진 나의 어깨로
하얀 폭탄 같은 눈이 쏟아지면
잠들지 못하는 둥지 속 새 한 마리

자장가 불리주듯
토닥토닥 소복소복
쌓이는 하얀 눈을 바라보다가

밤새도록 불러줄
하얀 자장가 소리 들으며
이 밤도 곱게 잠이 든다

새벽까지 내린 눈
푹신한 솜이불 덮어
헤어 나올 수 있을지 모르는
행복한 꿈을 꾼다

눈꽃

떠나고 남겨진
쓸쓸한 가지마다
외로움이 걸려있네

하늘 뒤덮던 푸른 잎
무지개 색 단풍도
기억으로만 남아

엊그제 외로움으로
바람결에 소리 내어
밤새 울었는데

온 세상 하얗게
하늘 구름이 내려앉아
어깨 토닥여주네

구름 닮은 꽃으로
가지마다 피어나
희망을 꽃 피우는 눈꽃

외할머니

아직 찬바람이 불던 이른 봄
외손녀에게 먹이시려고
외할머니는 두부 만드시고
옥수수엿을 밤새 고으셨다.

아침에 부엌 쇠 문고리마다
묻어있는 엿의 끈적임에는
할머니 고단한 노동이 숨쉬고

단맛 나는 하얀 가락들
그것은 엿이 아니고
할머니의 시린 뼈마디였다.

배움 찾아 먼 도시로 떠나
언제 다시 올지 모를 나를 위해
온갖 음식을 맛보이시는
눈 어두운 외할머니에게서
그리운 엄마냄새가 났다.

인생드라마

인생에 굴곡이 없다면
펼쳐지는 이야기가 없고
파도치듯 역동적인 인생은
감동의 드라마를 만들어낸다

어떠한 고난이 닥쳐도
주인공은 죽지 않고 살아남아
또다시 사람들에게 회자(膾炙)되는
이야기를 만들 듯이

늘 편안하다면 감사가 없고
사랑도 진정한 행복도
느끼지 못하는 인생 건조증

끊어질 듯 이어지는
인생 드라마는
주인공이 있는 한 끝이 없기에
우리는 언제나 조연이 아닌 주연
멋진 드라마의 주인공이 되자

얼음 꽃

앙상했던 가지마다
밤새 눈부시게 하얀빛으로
하늘의 은총을 입어
하얀 드레스를 덧입었다

파란 하늘과 맑은 나무는
신랑 신부가 되어
은빛 둥지 가득
환희의 세상이 펼쳐진다

연주되는 세레나데
기쁨의 하모니
하늘과 맞닿는 곳마다
얼음 꽃으로 피어났다

시낭송

누군가의 시에 생기를 불어넣는다.
누워있던 시가 다시 살아 움직인다

천상의 음악을 타고
때론 부드럽게 때론 강렬하게
읽는 이의 감정을 실어
같은 글 다른 느낌으로 다가온다

세상엔 똑같은 모습의 사람이 없듯
울려나오는 목소리도 다르고
그 목소리에 성품과 인격이 담기면
새로운 아름다움이 창조 되어
깊은 슬픔을 위로하고
영혼의 아픔을 치유하는 기적

나를 사랑하고 나의 의미를 찾을 때
더욱 빛나는 나를 발견하게 되듯이
한편의 시를 사랑하고 시를 읽는 것은
밝을 낭 읽을 송
밝은 마음을 표출하는 일

시낭송은 또 다른 시로 감겨오고
나의 말 나의 목소리
오늘도 한줄기 시가 되어
내 마음의 선율이 영혼을 넘어
아름다운 세상을 만들어 가는 것이다

봄 길

봄이 길 위에 가득히 내려앉았다
엊그제 만발했던 벚꽃 잎들은
눈부신 햇살을 받으며
봄 길마다 꽃무늬 카펫을 깔고

봄 길 위에서 바람의 지휘가 시작되면
펼쳐지는 봄날의 세레나데
진홍빛 영산홍 망울을 터트리며
연초록 저고리에 진홍 치마 새색시처럼
푸르른 수줍음으로 봄의 절정을 노래한다

길섶 민들레 환한 미소 속에
노란 꿈을 얹어 봄 길을 수놓는데

민들레야 삼천리강산 민들레야
설령 밟혔을지도 모를 그 어떤 곳에서도
전혀 기죽지 않고 피어나는 너는
봄 길을 지키는 수호천사

모닥불

무거운 아름드리나무를 쪼개서
날씬한 장작을 만들어
제단 쌓듯 모닥불을 피우면
맵고 자욱한 연기를 내뿜으며
힘겨운 적응을 시작한다

이내 불이 붙기 시작하자
산불 흉내라도 내는 것처럼
모든 것을 다 살라버릴 듯이
위대한 화력을 자랑하지만

어느 순간 스스로 몸을 사르며
아픈 이에게 치유와 위로가 되고
약한 이에게 기를 북 돋는 열정
그것은 차라리 거룩한 희생이기에

강한 나무가 하얗게 부셔져
가벼운 재로 남는 마지막 모습은
한평생 쉬지 않고 달려온 인생길
사람들이 한줌의 뼈로 남아도
모닥불처럼 사르던 마지막 사랑

봄의 소나타

봄바람의 선율을 타고
시작 되는 봄의 소나타
그 환상곡을 따라 울려 퍼지는
꽃들의 향연

뭐 그리 바쁜지
잎도 채 피우지 않고
꽃망울 터트리는 자목련 백목련

베이스의 굵직한 하모니를
시작으로 개나리 진달래의
비바체, 프레스토의 빠르기로
앞 다투어 시작하는 개화 경연

종달새 지휘봉은
빠름과 느림을 반복하며
산천의 꽃들을 잠 깨우고

새아씨의 치마폭에도
핑크빛 벚꽃 만개 했던
그 봄의 소나타가
아직도 생생한데

세월의 빠른 독주로
머리에도 하얀 꽃무리가
내려앉던 협연의 봄

아침의 기도

내 주여 주의 은혜가
어찌 그리 감사 하온지요
나의 온 몸과 영혼이
주를 찬미 하나이다

하늘의 영광 땅의 영광
주님 홀로 받으소서
나의 모든 행사를
주님께 맡기었사오니

내가 처한 모든 형편을 아시고
피할 곳과 안식할 곳 주시니
이 하루도 염려 없습니다.

주께서 나를 이끄시는 곳
어디든지 내 사명 있는 곳이니
늘 주의 사랑 내 안에 거하소서

나는 아무 걱정 없습니다
아멘^^

기차

기차는 시공을 날아서
순간 이동 중이다

나도 타임머신을 타고
미래로 날아간다

과거들이 주마등처럼
스쳐 지나가고

기쁨, 슬픔, 그리움…
모든 것은 자양분이 되어

미래의 나를 키운다.
과거는 내 미래의 거울

기차 속에서 순간이동처럼
빠르게 열리는 나의 미래여

주인

몸은 영을 담은 그릇이라
사람은 영물이라 하지만

선과 악은 늘 세상에 존재하여
결정은 내가 하는
능력 있는 피조물이다

江山 萬古 主, 人物 百年 賓
강(江)과 산(山)은 만고(萬古)의
주인(主人)이요,
사람은 백 년(百年)의 손님임을

백 년도 못 채우는 몸
자연을 훼손하는
주객이 전도되는 삶이 아닌

빌려 쓰는 마음으로 살리라

그리움으로 가는 길

인생은 끝이 없는
그리움 위에 놓여 진 길

붙잡고 싶지만
끝내 잡히지 않고
떠나고 나면
또다시 그리움이 되고 마는
애달픈 순환

멀리 보이는 산과 들은
그냥 서 있는데
시간 열차는 쉬지 않고
촌각을 다투며 달려가듯이

서운함도 미움도
그리움 앞에선
다 스러져 가는 작은 오솔길

아침햇살

눈부신 아침햇살이 창밖으로
부서져 내려

세상의 어느 보석의 빛들도
무색하게 만든다

햇살 사이로 가만히
실눈 뜨고 희망을 바라본다

꽃들도 나무들도
햇살을 향해 팔을 뻗고

밤새 떨던 벤치도
온기로 희망을 꿈꾼다

햇살의 온기가 닫는 곳마다
새로 피어나는 아침

구름

첫눈이 하얗게 내리던 날
구름 솜 내려
따뜻하게 덮어 주더니

어제는 봄비 내려
가지마다
눈을 씻어 잠 깨우네

계절만 조금 바뀌었을 뿐
눈구름 비구름 그대로인데
구름은 새침 떼기

언제 올라가 모른 척
흘러가고 있네
먼 산을 떠가고 있네

봄동

봄동 겉절이가
펄펄 살아있다

온 몸으로 강추위를
이겨낸 여린 순이여

노란 속살 드러내
얼마나 오들 오들 떨었는지

몇 번을 절여 졌나
독 뚜껑 열어봐도

아직도 그대로
뚜껑 열고 나오려 한다

포기하고 밥 한 숟가락 위에
작은 잎 걸쳐 먹으니

입 속에 푸른 봄이
송두리째 들어왔다

어머니의 텔레파시

어머니는 전화로
내 목소리만 들어도
내가 슬픈지 힘든지
아픈지 배고픈지
기 죽어 있지는 않는지

안 보시고 숨소리만 듣고도
손톱만큼 오차도 없이
금세 알아차리신다

그래서 어머니께는
숨소리도 조심하며
행복한 메아리만 울려드려도
내 속내까지 꿰뚫으시는 어머니

어머니의 텔레파시는
기계를 초월하고
상상마저 초월한
세상에서 가장 민감한
사랑의 맞춤 센서

물오른 석류

홍보석(紅寶石)이 빽빽하게
들어찬 보석함이다

한 알 꺼내 가락지 만들고
두 알 꺼내어 귀걸이하고
알알이 쏟아내어 목걸이 두르고픈
저 붉은 꿈 덩어리

사위어 타오르는
장작불처럼
발갛게 달아올라
물오른 볼에
청춘의 달콤함이 가득하다

어머니의 초능력

멀리서 아장아장
넘어질 듯 위태롭게
어머니께서 걸어오신다

그 모습 바라본 나의 마음은
행여 넘어지실까
벌써 어머니를 보듬고 오느라
눈을 뗄 수가 없다

그런 어머니는
내가 힘에 부쳐서
안 되는 것도
어디서 힘이 나오시는지
초능력을 발휘하신다

험한 인생고개
지치지 않고 걸어오신
내 어머니는 슈퍼맨

내 마음의 깃발

나의 마음에는
높이 세운 깃발이 있다

그것은 나의 이력이고
약력이다

훌륭하고
멋지게 자라준
나의 아들들이 주인공

혹여 아들이
표창장 받았다고 하면
내 마음의 깃발은

하늘을 찌를 듯
더 높이 올라 휘날리고

그 아들들이
사람들의 갈채를 받는 날
내 마음의 깃발은

온 세상을
기쁨으로 뒤 덮는다

봄의 전령사

흙이 있는 곳에는 어디든지
잡초처럼 솟아나는 쑥
하룻밤 쑥쑥 자라나는 쑥

봄의 전령사임에 틀림없는데도
꽃이 없다고
너무 흔하다고
끝 순위로 밀려나지는 않았는지

친구가 초원에서 뜯어다 준
작은 쑥으로 끓인 쑥차 향기에
아련히 감겨오는 봄비가 묻어나면

봄의 전령을 기다리는
내 가슴 깊은 곳으로
푸른 쑥 잎 날갯짓인양
봄의 요정 쑥쑥 걸어오는 소리

미련

사람이 죽으면
다시는 못 본다는 것

잊을 수 없는 마음을
미련이라고 한다면

어찌하면 미련을
지울 수 있을까

하늘 길 홀로 걸어가신
소중했던 임이여

그대 가시더라도
아름다운 모든 것

내 기억 속에
생생하게 살아 있으니

영혼의 상념은
이승과 저승을 넘나듭니다

마음의 소리

세상에는 지구가 구르는 소리
땅속의 새싹이 움트는 소리
개미들의 숨소리
생소하지만 실제로 존재하는 소리들
다만 우리가 못 들을 뿐

새소리 개구리소리 다람쥐소리
나뭇잎 흔드는 바람소리
지친 심신에게 위로를 주는
파도소리 주파수까지
우리는 늘 소리에 둘러 싸여있지만

내 마음도 주파수 영역이 있어
저 깊은 심연에서 들려오는 소리
내가 모든 것을 헤아리지 못하는 것은
내 마음의 귀를 열지 않는 까닭
어쩌면 나를 위한 행복의 영역일 텐데

내게 허락 된 소리는
내가 감당 할 수 있는
최소한의 모든 것이라서
나는 오늘도 슬픔의 소리를 닫고
기쁜 소리를 맞이하는 연습을 한다

꽃바람

바람 중에 가장 아름다운 바람
꽃바람 불면

꽃나무 가지마다 고운 꽃잎들을
말없이 토해 내고는

겨우내 참았던 얘기들
이젠 못 참겠다며 향기를 뿜어댄다

삼라만상이 그렇듯이
그 많은 꽃들도 제각기 다른 얼굴로

무슨 사연을 말하고 있는지
오감으로 듣고 있노라면

재잘재잘 정겨운 봄의 소리에
향기 실은 바람 또 꽃바람이 분다

꽃등

대지에 어둠이 내리면
환하게 불을 밝히는 꽃등
검은 비단 위를 벚꽃 잎으로
가득 꽃수를 놓았다

내일이면 꽃비 되어 푸르름에
자리를 양보하려는지
서둘러 꽃잎을 엮은 실을 풀고

그 끝을 예감한 듯
밤하늘을 하얗게 불 지르는
고운 상복을 밤새 짓고 있다

쑥 캐던 날

봄볕 가득 등에 업고
쑥 캐던 날

땅 따먹기 하듯 자리 펴고
쑥을 뜯다 보면
마주치는 향긋한 달래는
봄이 주는 덤

쑥 향에 몸은 벌써 건강해지고
쑥 절편에 쑥 인절미
어머니께 드리고
이웃에 나누는 것도 사랑의 덤

쑥 캐기도 전에
마음은 이미 방앗간에 가 있다

봄비

하늘의 생명수가 대지를 적시고
아직 틔우지 못한 빈 가지마다
우듬지부터 흘러내리는 봄비로
하늘 정기를 받아 힘이 솟는다

산과 들은 옷을 갈아입는 용트림
아기처럼 순한 연푸른 새싹과
간간이 피어난 개나리 진달래는
사뭇 두근거리는 가슴으로 찾아와

빈 하늘 봄비 내려 더욱 청명한데
촉촉한 공기는 비의 입김이 서렸고
호수의 물고기도 새 물로 몸을 씻어
보송보송 물오름이 남다르다

사계

사계절이 있음은 신의 은총이네라
나는 늘 그 자리에 있는데

계절은 우주를 떠돌다
잊지 않고 어김없이 찾아오는가

정들어 늦장을 부릴라치면
또 다른 계절 빨리 가시라 성화다

정들만하면 떠나고
붙잡아도 소용없는 인연법

계절의 환상에 빠져 세월
가는 줄 몰랐네라

지금 온 계절이 지난번 그가 맞나
나도 가면 계절처럼 다시 오는가

계절과 나

지나간 계절은 다시 돌아오지만
한번 간 세월은 다시 오지 않고
후회와 아쉬움만 남아
방황이 묻어나는 삶의 여정

계절은 새로움으로 와서
인생의 고락을 위로하는구나

화무십일홍(花無十日紅)
꽃도 시들고
권불십년(權不十年)
권세도 기울어

육신이 마른 잎 부서지듯
성한 곳을 찾기 힘들지만
그래도 지나고 나면
지금이 좋은 때라 할 것이로세

계절이 가는 것이 아니고
내가 가는 것이네

6.25 그날의 아픔

한반도 삼천리 내 나라 내 땅
같은 민족끼리 총칼을 들이대고
이념의 갈등이 무엇인지
아무것도 모르는 부모 잃은 아이들
핏덩이 아기 안고 눈감지 못한 채 숨진 어머니

일본에게 나라 빼앗겼던 36년 어두운 통로
해방의 기쁨이 5년도 지나지 않았고
비록 반쪽이지만 대한민국 정부수립 2년
아, 1950년 6월 25일 새벽 4시
총소리 탱크소리 천지를 뒤덮으며
물밀 듯 쳐들어온 북한 공산당
자유와 평화는 질그릇 깨지듯 산산조각
폐허 속에서 억울한 주검은 산을 이뤘는데
아직도 끝나지 않은 전쟁
세상에서 하나 밖에 안남은 분단의 현실

고요한 순백의 나라에 처절한 피로 얼룩진
전쟁의 참혹함은 누구를 위함인가
휴전선의 갈림으로 꿈에라도 보고픈
혈육의 정을 끊어놓고
남편 잃은 새아씨의 그리움은
백발이 되어 한 세기를 흐른다

어머니의 문전옥답

집 앞 마당은 어머니의 문전옥답
콩 심고 가지 심고 고추 감자 심어
자식처럼 살피고 어루만져
기름진 텃밭 부럽지 않네

작은 농사라도
풀 한포기 없는 어머니의 옥토엔
거름 중에 좋은 거름은 발걸음
비료 중에 좋은 비료는 정성비료

아픈 다리 움켜쥐며 온갖 시름 흙에 묻고
아들딸에게 보내주실 생각에
이제나저제나 마음은 벌써 풍작이시네
어머니의 문전옥답 만석꾼 부럽지 않네

꽃으로 온 너

오직 나만을 위해
힘든 수고를 감내하고
저리도 곱게 피었구나

미소로 바라봐 주는
너의 얼굴이
내 마음에 족한 위로를 주고

천상의 색으로 지어 입은
꽃무늬 드레스는 너무 고와서
다가가는 내 손의 감촉도 떨려

나의 마음에 곧 잊힐까
책갈피에 한 잎 두 잎 꽂아 두고
거울처럼 매일 보면서

너의 모습 변해가도
웃으며 나를 찾아왔던
처음 사랑을 꼭 기억하리라

보문산 보리밥

보문산 공원 입구 자락엔
어럿이 모여 있는 보리밥집

세숫대야 양푼에 푸성귀 가득
된장찌개 비지찌개 열무물김치 보리숭늉
반찬들이 추억을 불러내는데

옛 사람들 눈물의 보릿고개
쌀은 떨어지고 보리는 안 익고
풀뿌리 나무뿌리로 연명하던 시절
설 여문 보리쌀 한 됫박이 아쉬워

지금은 쌀이 남아돈다고 하고
다른 먹거리가 넘치는 세상
추억의 보리밥 허리띠 풀고 먹으면
입가에 번져가는 행복한 미소

소식하시던 어머니와 이웃 어르신도
한 그릇 금세 비우시고
행복은 함께여서 두 배가 되어
*보문산에 황금 보리밭 일렁인다

*보문산: 해발457m 대전 중구 문화동위치

어머니의 삶

어머니는 언제나 통뼈이신 줄 알았다
잠도 안 주무서도 괜찮고
새벽에 일찍 일어나서서
밤낮 없이 일 하시는 것이
당연한 줄 알았다

어머니는 정말 황소인 줄 알았다
그 힘든 논농사 밭농사
들을 개간하고 산에서 나무하고
한 끼쯤은 안 드셔도
배 안 고프신 줄 알았다

내가 부모가 되고 보니
어머니도 똑같은 여자이고 사람이었다
손목은 한없이 가늘어지시고
지친 어깨로 마른 바람 이는데
이젠 누군가의 도움이 필요한 모습

남몰래 흘리신 눈물은 얼마일까
자식걱정 살림걱정에 짓던 한숨
입고 싶고 먹고 싶은 욕망을 인내하며
한평생 살아오신 한은 얼마일까
그래도 마음은 그때의 강한 어머니시다

어머니의 물지게

새아씨 박꽃 같은 어머니는
한 집의 큰며느리
동네 우물을 공동으로 썼던 그때
물지게는 당연히 어머니 몫

물지게에 무거운 물통을 지고
초보였던 어머니 길에 엎질러져
집에 오면 물통에 남은 물은 절반
어느덧 숙련 되신 어머니는
비척걸음에서 당당한 걸음걸이
물도 흘리지 않으시던 천하장사

개천에서 언 손 호호 불며
작은 옷가지부터 이불 빨래까지 하다가
마당에 우물 펌프 터지는 날
우물가에서 시원한 등멱도 하고

수도가 들어 온 날
마당 가운데 우물 펌프를 묻을 때
어머니의 물지게의 역사는
고된 삶과 함께 묻혔지만
그리움과 회한 맺힌 푸념은
옛날 추억 속 물지게 같은 넋두리

내가 좋아하는 일

내가 좋아하는 일은
나를 위한 일
아무리 힘들고 잠이 부족해도
기꺼이 나아가는 일상

내가 좋아하는 일은
일이 아니고 나를 일으키는
원동력이기에
나는 지칠 줄 모르는 기관차

내가 좋아하는 일을 할 때
최고의 상승효과가 나타나
주위의 모든 것들이
나의 도움으로 뭉쳐오고

그 힘의 근원은 우주
원초적인 힘
안 되는 것도 되게 할 수 있는
믿음과 가능성이다

예복(禮服)

어디선가 초대 받았다면
예복을 정성스럽게 갖춰 입는 것은
나를 초대 한 분에 대한
깊은 경의의 표시이고
내 자존감의 표출

초대받지 못한 손님처럼
치장하지 않은 복장으로 나타나면
사람들의 외면하는 눈초리에
스스로 주눅이 들어 슬퍼지고

예복을 잘 갖춰 입는 일은
허락 된 무대에 오름과 같으니
각각 배역에 따라 등장하는 복장
무대복 같은 화려함으로 꾸미는 일

오늘도 예복을 정성껏 다듬는다
모두에게 기쁨이 되는
아름다운 내면을 보여주고
멋있는 외면을 장식할 예복을

호국영령을 기리며

조국을 위해 목숨을 초개와 같이 던지신
거룩하시고 숭고하신 영령이시여

누구보다도 큰 업적 남기셨는데
작은 뜰 작은 비석 하나 남기고
이름 없이 가신 호국영령들이시여

하늘나라에서 영면하소서
임들이 게심으로
빛난 대한민국 이제는 어디에도
흔들리지 않는 강한 조국으로 거듭났나니

현충원에 누우신 비석을 뵈올 때
가슴 선연히 몸서리치는 조국애로
살과 피 강건한 뼈까지도 바치신
그 희생과 용기에 가슴 숙연 합니다

목숨이 두 개 아니 몇 개였다면
몽땅 다 바치셨을 애국선열들이시여

이제는 염려 마십시오
저희가 임들의 숭고하신 뜻을 받들 것이고
나라를 위해 밤잠 못 이루며
각계각층에서 애쓰는 분들이 계십니다

유월의 맑은 하늘을 바라다보며
평화와 행복의 미소를 지을 수 있음에
임들의 묘지 앞에 고개 숙이고
정성을 다해 꽃 한 송이 올려드립니다

장미의 유혹

높은 담장 너머
서로 먼저라고
까치발로
고개 내미는 장미들

붉은 정열의 사랑이
유혹의 손을 흔들며
가까이 다가와
손을 맞잡아 달라고 하지만

가슴까지 찔리는
치명적인 가시
화려함 뒤에 숨겨진
붉은 핏방울

다가서려면
눈물 쏟는 고통을
아픈 만큼 인내해야 하는데
눈이 가는 곳에
가슴이 따라 갈 수 있을까

아름다운 것은 멀리 있을 때
더욱 빛나는 것이라서
한 발짝 뒤에 머물며
질끈 눈을 감는다

등대

넓은 바다를 향해 서 있는
외로운 등대
어둠을 밝혀 길 잃은 배에
생명의 신호를 보내주고
포구의 지름길로 인도하는 등대는

간밤의 폭풍우와도 맞서고
된서리에도 눈보라에도
믿음직하게 그곳을 지키고 있는 등대는

나간 배가 무사히 돌아오길 기다려
가족들의 기도 같은 소원을 안고
노심초사 어둠을 밝히는 등대는

등대의 소중함은 길 잃어 본 자는 알리라
우리 인생길도 좌초하지 않도록
우리가 반드시 옳은 길을 가도록
인도하는 스승님 같은 등대는

할미꽃

무덤가 고즈녁하게
고개 숙인 할미꽃

오실 임 기다리다
머리 하얗게 이어도

가슴속에
진홍빛 타는 그리움

누가 알리오

떠나실 때
봄에는 돌아오마

양지 쪽 자꾸만 숙여져
아픔은 고개를 넘는데

붉은 황토 타들어가는
모진 기다림

누가 알리오

한복의 아름다움

숨이 멎도록 고운 선을 본다
흰옷 입은 백성들의 마음결
어진 어버이들 감춰진 속뜻을 본다

벽오동 푸른 잎 옷소매 감싸고
목깃으로 흐르는 공작의 나래 짓
옷고름 나부끼는 원앙의 속삭임처럼

버선코 높이 세워 내딛는 발걸음마다
휘몰아치는 하현달 달무리
아무도 견줄 수 없는 절정의 하늘

명주사 꼰 실에 천상의 색 입혀
한 땀 한 땀 우아함을 짓는다
꿈꾸는 무지개빛 그리움을 저민다

한복은 그냥 옷이 아니다
마구 입고 뒹구는 의상이 아니다
슬픔과 기쁨이 모여 소망으로 가는 길

고마움으로 입고 기다림으로 벗는다
아름다운 나라 그 겨레의 역사 위에
별빛으로 단장한 혼 불을 본다

도포의 멋

어느 민족이든 의복은
민족성을 나타내어
전통 옷으로 치장하고 뽐내는
세상의 모든 나라 사람들

한국의 멋에는 도포가 있어
바람인 듯 구름인 듯 휘날리는
넉넉한 품의 도포

도량이 넓다는 의미일 것이다
남을 먼저 배려하고
어려움에 처한 사람들을
그냥 지나치지 못하는 어진 마음

소매가 폭이 넓은 것은
자연의 이치
사람의 도리를 아우르는
멋을 아는 민족

장수선무(長袖善舞)라 했던가
소매가 길어야 춤을 잘 춘다는 옛말
예술과 풍류를 아는
세계 속의 으뜸 민족

도포의 넓은 소맷자락으로
열정과 재능을 꿈꾸며
멋을 넘어 세계를 품는다

유월의 임이시여

유월이 오면 더욱 높아만 가는 하늘
나라 위해 목숨 바친 호국영령들을 기리는
뭉클한 가슴으로 흐르는 눈물

진홍빛 붉은 마음 심장을 도려내어
나라를 위해 기꺼이 드리신
겨레의 영원한 수호신들이여

어느 부모님의 사랑하는 아들이고 딸이었을
어린 자식들이 눈에 밟히는 아버지였을
그리움에 몸부림치는 신부의 남편이었을
순국선열들이시여 유월의 임이시여

유월의 반짝이는 잎새에도
산들바람으로 나부끼는 옷깃에도
푸른 임의 숨결 느껴집니다
어느 들판에 이름 없이 누우신 임이시여

죽어서도 나라를 염려하시는
붉디붉은 마음 한 조각 흰 구름 되어
저 동산에 머무름을 봅니다

호국영령들 계심으로 세계로 뻗어가는
힘찬 대한민국 빛나는 코리아 되었기에
저희는 임들이 그날의 피로 서약한
애국애족 정신 가슴 깊이 이어 받습니다

이제 나라걱정 저희에게 맡기시고
하늘에서 고이고이 영면하소서
그 숨결 영원히 평안하소서

무궁화 꽃

무궁화 꽃을 가만히 보고 있노라면
고전무용 소품으로 등장하는
부채가 여러 개 이어져 있는 듯
일렁이는 부채춤 춤사위가 보이고

무궁화 꽃에 살포시 귀 대어 듣노라면
삼일절 광복절 너른 마당에서
어린이 합창단이 꾀꼬리처럼 부르는
애국가가 가슴으로 들려온다

여러 잎이 모여 한 아름다움을 완성하고
끊임없이 이어지며 피어나는 꽃은
우리 민족의 굴하지 않는 민족혼을 닮아
꽃잎과 꽃술의 완벽한 조화

무궁화 꽃은 삼천리에 뿌리내리고
우리의 산과 들을 지키며
엄동설한을 꿋꿋하게 견디고
봄부터 가을까지 어김없이 피어난다

우리 민족 무궁화처럼
영원 무궁히 화려한 꽃으로 피어나
백두에서 한라까지 세세토록 빛나는
우리나라 꽃 무궁화 꽃이여

사랑한다는 것

좋아하는 것과 사랑한다는 것은
비슷한 말인 줄 알았습니다

좋아하는 감정이 사랑하는 마음이고
사랑하면 좋아한다고 생각했습니다

그러나 그것은 전혀 다른 세상의 언어
닮은꼴과는 너무 먼 것임을 알았습니다

좋아하는 것은 나를 찾는 것이고
사랑한다는 것은 나를 버리는 것이라는 것을

좋아하는 것은 가슴 설레는 것이고
사랑하는 것은 가슴을 도려내는 것

아픔이고 희생인 양분을 먹고 사는 것이
사랑의 정체임을 알았습니다

정녕 사랑은 고귀하고 아름다운 것이어서
나를 밟고 일어나는 디딤돌

그 사랑을 느끼면 눈물을 쏟고야마는
잘 아물지 않는 상처임을 알았습니다

해를 낳는 바다

어둠이 짙어가는 밤
하늘이 고요히 바다에 내려앉아
하늘과 바다가 하나가 되어
해를 잉태하는 시간

밀려오는 해변의 잔잔한 포말소리
하늘과 바다의 깊은 사랑 이야기를
밤이 새도록 전해주고

여명의 산고에 끓어오르던 바다는
희망의 해를 낳고야 만다

하늘을 아버지로
바다를 어머니로
빛으로 둘러싸인 성체는
삼라만상을 살리는 생명의 근원

동녘의 불덩이 불끈 솟아올라
밝음으로 온 누리 비추인다

여백(餘白)

마음의 상심을 하나씩 덜어내어
비워진 가슴 여백으로 넉넉해질 때

빈 가슴으로
신선한 바람 훑고 지나가다
이름 모를 씨앗 하나 떨구어지면
정성껏 키워 보리라

희망도 사랑도 새로 피어나도록
넉넉한 자리 하나 내어주어
숨 막히지 않고
무럭무럭 자랄 수 있도록

내 꿈 하나 피우리라
하얀 도화지 같은 내 마음의 여백

열정

열정은 살아있음을 실감나게 하고
내 가슴 깊은 곳에서 들려오는
나의 소리를 찾아가는 여행

식어버린 열정은
삶을 집어삼키는 두려움의 엄습
운명과 맞닥뜨릴 때마다
뒤안길을 서성이는 방황

열정 없는 사람이 일어서는 것을 보았는가
성공의 열매를 맺는 것을 보았는가

열정이 없으면 꿈도 없고
열정을 잃으면 소망도 잃어
낙타 없이 사막을 건너야 하는데

오늘도 나는 열정의 불을 지핀다
바람이 불지 않으면 풍로라도 돌려
활활 꺼지지 않는 열정의 불이여

열정이 없다면 죽은 것과 같고
열정이 있으면 죽었다가도 다시 살아나는
그것은 나를 숨 쉬게 하는 이유

건강의 소중함

건강은 아무리 강조해도
과함이 없고
건강을 아무리 권장해도
결례가 되지 않듯이

건강한 육체에서
건강한 생각이 나오고
감사와 행복도
물론 건강이 근본이다

게으름과 욕심이
몸을 상하게 하여
오늘도 한 걸음씩 내디디며
나를 성찰한다

세상을 다 주어도
건강과 바꿀 수 없고
금은보화 진수성찬이 쌓여도
건강이 없으면 헛것

아프지 않으매
더 없이 부유한 마음으로
푸른 거리를 향하여
발걸음을 옮긴다

접시꽃

겨우내 누워있던 꽃대
곧게 뻗어 하늘 높이 오르고

뾰족구두 신고 허리를 쭉 편다
볼그레한 볼에 환한 미소 짓는 접시꽃
어찌 그냥 지나칠 수 있을까

접시처럼 너른 꽃 얼굴
사랑 가득 담아
누구를 대접하려 함인가

달빛 어스름에 고운 꽃잎
살포시 접은 모습
날개 접고 앉은 나비들
언제 하늘을 날아오를까

가녀린 몸 상할까
바람도 비껴가는 한낮
폭풍우에 허리 꺾이지 말라고
곁 가지에 어깨 기댄다

정년 없는 인생

인생에서 정년은 없다
정년이라고 생각하는 순간
삶이 정년이 되는 것이다

끊임없이 삶을 개척하면
열리는 제2 제3 인생의 문
언제나 그 문을 열어야만
더 멋진 세계로 나아갈 수 있어

한 계절마다 본연에 충실하면
사계절이 풍요롭고
인생은 순환하는 계절처럼
자연에서 배움을 얻기에

정년을 두려워하기보다는
새로운 인생을 맞이하는
준비와 기대감으로
가슴 벅차야 할 것이다

어머니의 빨래터

어머니의 빨래터 같은 세월이
여울 따라 흘렀다

등에 어린 나를 업은 채
얼음 깬 찬물에 손을 담그고
대가족 빨래를 하시던 어머니

고단한 삶의 한숨 한 조각
냇물에 흘려보내고
손이 빨갛게 얼어붙는 한낮
추위도 어머니를 이길 수 없었다

어머니 등에 입을 댄 내가
춥다며 빨리 집에 가자고 보채도
온 가족의 깨끗한 의복을
단장시키고 싶은 마음
어머니의 멈춤 없는 손놀림은
거센 물살도 세탁의 방편이 되고
등에 업은 나의 무게도 잊으셨다

고달픈 인생사 방망잉 끝에 실어
내리치고 또 내리치는 힘에 따라
고달픔을 잊고 세월은 유수처럼 흐른다

꾸욱 짜지지 않아 무거운 빨래는
휘청 어머니 머리에 이어지고
등에 업혀 집으로 돌아오는 길은
겨울바람 추위로 멀게만 느껴졌는데

세월 따라 흘러온 여울처럼
어머니 빨래터 이야기는 끝이 없다

여름 바다

하늘을 가득 품은
여름 바다를 보았니?

우주의 푸른 꿈 대지를 향하여
가슴을 뚫을 듯한 시원함으로
하얗게 부딪혀오는 파도 안개
눈부신 황홀함에 눈이 감기면

바다에서 세차게 내리는
소낙비 온 몸으로 맞아 보았니?

소낙비는 바다에 수를 놓으며
고향 연인을 만난 듯 찰떡궁합
바닷가 텐트를 두드리는 울림은
둔해져 가는 감성을 깨우는 노크소리

하늘 물인지 땅의 물인지
천지간에 섞여서 흠뻑 젖으면
비로소 나를 일깨우는 겸손
파도처럼 밀려오는 화합의 하모니는
내 안의 미움을 몰아내고
사랑과 용서로 채우라 한다

두근두근 설렘으로 뛰는 가슴에
어머니 인자한 모습으로 손짓하는
소낙비 내리는 여름 바다

쉼

한숨 한숨
내쉬는 호흡에
하늘도 쉬고 싶었다
한발 한발
내딛는 발걸음에
땅도 쉬고 싶었다

바다는 파도를 불러들여
잔잔히 눕게 하고
산맥은 바람을 가라앉혀
잎새도 침묵하고
강물은 흐름을 멈춰 세워
파문을 길들여서
작은 소리조차 들리지 않는 고요

그것은 지난 시간의 쉼이 아니라
이제부터 세차게 몰아 부칠
내일을 향한 재충전의 쉼

자연의 섭리를 따라
피곤한 목도리 풀어 던지고
깃털을 눕혀 날개 접으면
누운 자리마다 자유로운 영혼
쉼으로 부터의 안식

첫눈

마음속 꽁꽁 묶어놓은
그리움들이 짙어
하얗게 눈멀어 찾아오는 첫눈

너를 맞는 나의 들뜬 얼굴에
살포시 내려앉아
그리움을 풀어놓는 이야기들

못남도 덮어주고
이야기에 동화되어
함께 얼어붙은 살얼음

첫눈처럼 다가와 모든 것이
하나로 이어져

눈이 오는 날에는
외로움도 저만큼 간다

아련한 그리움

그리움은 그저
아름다운 후회일 뿐이라고

볼 수 없을 때
가슴으로 찾을 수밖에 없는
안개 같은 미련이라고

그 잡히지 않는 그리움에
언제나 마지막이라고
생각했던
가까이 있으면서도
멀게만 느껴졌던 허상

그리움은 그저 아껴두는
돌아서면 깨질 것 같은 추억으로
조금씩 꺼내어 거울 닦듯이 닦아

가슴 깊이 간직하고픈
내 마음의 고향 같은 것

장마와 호수

하늘에서 선발된 물방울들이
하나 둘씩 호수에 내리면
여름 장마의 계절이 찾아오고
물방울이 어떻게 호수를 넘치게 하는지
채워진 물빛은 왜 에메랄드 색인지
존재감을 드러내기 시작한다

처음엔 작은 동그라미 몇 개
그러다 큰 동그라미 파문을 일으키고
물줄기로 시작되는 시냇물은
빠르게 흐르는 강물이 되어
메마른 호숫가를 적시고
대지에 푸른 생명을 심어주는
어머니 손길 같은 무한한 자비

힘찬 빗방울 두드리는 소리는
가라앉은 나의 영혼을 깨우고
호수에서 물길 따라 떠나는 여정
푸르름을 소생시키는
한 방울의 생명수 되어
사람들의 갈라진 가슴에
촉촉하게 스며들고 싶다

호박꽃

노오란 호박꽃 넉넉한 품은
벌 나비의 호젓한 놀이터
자리다툼도 의미 없는 여유로움
뒷짐 지고 걷는 산책마당

넙데데한 호박을 낳기 위해
꽃도 그렇게 컸나보다
수많은 자식들을 기르기 위해
줄기도 그렇게 길었나보다

봄부터 늦가을까지
쉴 새 없이 피어나는 호박꽃
어머니 주름살 깊이 파인
둥글둥글 맷돌호박

늙은 호박은 호박죽이 제 맛
호박으로 새아기 몸조리해주고
푸짐한 죽 쑤어 나눠 먹으라고
울안 빈터마다 호박 심던 어머니

커다란 호박으로 태어난 듯
씨앗부터 꽃줄기 잎에 이르기까지
모든 걸 내어주는 넓은 사랑
호박꽃 같은 어머니의 품속

사과

붉게 달아오른 빨간 사과
보기만 해도 입 안 가득
새콤달콤한 물이 가득 고인다

향긋한 향기는 가을 속으로
가만가만 손잡아 이끈다

탐스러운 사과 껍질은
비바람과 햇살을 견디며
소록소록 꿀 살을 만들고
가을 만찬의 풍성한 식탁에
꽃으로 피어난다

어머니 손등 같은 껍질 속에
젖가슴 같은 하얀 속살은
언제나 성심으로 기도하는
어머니의 정성 같은 것

살풀이

현충원 비석 돌 사이에서
소복의 중년 여인
긴 수건 바람에 실어
이을 듯 끊어질 듯
살풀이를 밟는다

명을 다 하지 못 하고
나라 위해 순국하신 님
무덤에 내리는 햇살 같은
혼과 넋을 위로하누나

버선발로 사뿐히 내딛고
허공을 넘나들며 흩뿌리는
하얀 비단의 몸부림처럼
마지막 한을 풀어낸다

표정조차 바람에 풀어진
무녀의 하얀 춤사위는
날 세운 푸른 잔디의 끝을
혼의 무게로 살포시 밟고
넋을 입은 듯 홀려있다

약장수

세상에 건강보다 소중한 것은 없으리라
공터를 울리는 약장수 흰소리
건강해진다는 마지막 말에
닫혔던 귀가 열린다 오감이 열린다

정말 저 약을 드시면
그냥 며칠 드시기만 하면
죽을병에서도 회생하실 것 같아
자꾸만 숨차하시는 부모님 생각에
가짜약이라고 굳게 다짐했던 마음이
어느새 기대감 풍선으로 부풀고
지퍼로 단단히 잠가놓은 지갑도 열린다

다 줄 듯 언제나 함께할 것 같던
너스레와 사탕발림으로 떠들다가
약을 다 판 약장수 홀연히 떠나가고
구경삼아 모여들었던 사람들도 흩어진 빈터

누런 약봉지 들고 서있는 손끝으로
바람처럼 새나가는 부모님 기침소리
병은 약으로 고치기보다는
마음의 위로와 사랑이 약인 것을
약장수는 약을 팔았지만
나는 부모님을 위해 사랑을 샀다

다부동 전투

더 이상 후퇴할 수 없는 고지
열다섯 번의 뺏고 뺏기는 치열한 전투 속에
다윗과 골리앗의 싸움처럼
한 소대만의 전력으로 지켜낸 대한민국

여기서 밀리면 내 부모 내 형제 다 죽는다는
일념으로 지켜낸 호국의 영이시여

온 산하는 함께 울었다
임들의 피 끓는 조국애로
지역민 · 경찰 · 학도병의 피로 얼룩진
혈투 속에 지켜낸 6 · 25전쟁의 최대 격전지
미8군의 적군 15연대 전무후무한 융단 폭격

고맙습니다 감사합니다
그 말조차 부끄러운 임들이여
얼마나 어머니가 보고 싶었는지
시원한 얼음물과 상추쌈이 먹고 싶다던
어린 학도병의 마지막 보내지 못한 글에
가슴으로 펑펑 울었다

고귀한 목숨 나라를 위해 희생하신
숭고하신 그 마음 다 알고 있는
낙동강은 침묵으로 무겁게 흐르고 있다

통일은 언제런가
휴전선은 아직도 철조망으로 가른 채
숭숭 구멍 난 녹 슬은 철모만이
그날의 처참함을 기억하게 한다

추억의 배추된장국

내 유년의 고향 부엌에는
가마솥 두개가 걸려 있었다
조금 작은 가마솥에선 밥냄새가 솔솔
조금 큰 가마솥에는 구수한 배추된장국

늦가을에서 초겨울로 가는 계절엔
시장에서 김장배추 시래기를
바구니 한가득 가져오셔서
해묵은 오지 항아리 조심스레 열고
북두칠성 닮은 국자로 퍼올린 토속 된장

시래기 된장국은 많이 끓여야 제맛이다
배추잎 잘게 분지르지 말고
통잎을 잔뜩 넣어야 단맛이 난다
옆 가마솥 뜸이 잘든 하얀 쌀밥
너무 먹어서 오목 가슴에 체증 일어도
식사 때만 되면 다시 꾹꾹 눌러 채우던 버릇

할머니에게선 늘 된장 냄새가 났다
할머니는 배추 된장국과 동급으로
내 어린 시절 입맛의 대명사 였고
할머니가 그리울 때면 배추를 삶아
드라마에서 배운 신식의 방법으로
배추 껍질을 벗기며 호사 부린다

많은 세월이 강물처럼 흘렀어도
배추국 맛은 예나 지금이나 변함 없고
그 향기도 언제나 내 곁을 맴돌지만
지금은 아스라이 멀리 계신 할머니
그리운 추억 속 할머니를 불러본다

내 생애 은퇴란 없다

애들 키우고
이제 나는 한 발 물러나
후방인 줄 알았다

더 늦기 전에 내가 할 수 있는
일이 무엇일까 찾아보다가
다시금 새로운 삶의 도전이
내 앞에 펼쳐있다는 걸 깨달았다

색다른 이력서를 써 보고
틈나는 대로 소리 내어 시를 외우고
가슴에 요동치는 감정을 시로 쓰며
오늘도 감개무량이다

스스로 내 삶의 담을 만들어놓고
그 안에 숨 막히게 갇혀서
아주 끝이 나는 줄 알았지만

하늘에 또 다른 은하계가 많듯이
다른 영역도 무궁무진하다는 것
알게 된 것은 얼마나 신성한 충격인가

나는 지금 또 다른 세상에서
다른 삶을 살아가는 느낌으로
못 다 이룬 숙제들을
하나하나 풀어가고 있다

내 생애 끝나는 날까지 은퇴는 없다
늘 시 쓰고 시 읊고
후회 없는 삶만 남아있을 뿐이다

가을밤 별 이야기

밤의 커튼이 드리워진다
어둠을 젖히고 먼 우주의 끝에서
가슴에 꽂혀오는 한 줄기 빛 큐피트의 화살

두리번거릴 새도 없이
곧장 달려온 그 고마운 빛
슬픔도 두려움도 모두 위로 해 주고

우주의 빛을 모두 한눈에 받아
내가 우주의 한 가운데 선다
이제 나와 우주는 하나

안드로메다 공주와 왕자님의 사랑 이야기
하늘을 나는 천마 페가수스
놀라서 은하수 속으로 뛰어드는 모습

가을밤 깊은 하늘 속에서
금빛 은빛 일렁이며
아늑한 꿈처럼 속삭여오는 사랑
태고의 그리움 담아
하늘 소식 전하는 따뜻한 별의 마음
길게 드리운 은하수의 가을동화

밤을 지새우며
가을밤 하늘을 수놓을 때
내 영혼 깊은 곳에서 들려오는 별들의 노래

고구마

어머니께서 정성 가득 담아
쪄 오신 고구마 두 개
살찔까 봐 반만 먹으려 했는데

반이 어디로 갔는지
한 개 다 먹고 한 개 더
다이어트와의 약속을 어기고 말았다

붉은 색깔 거친 생김새에
땅속에 꿀벌이 있는 것도 아닐 텐데
땅 속 어디에서 꿀을 모았을까?

고구마는 땅속 꿀을
뿌리로 더듬어 모아 놓은
꿀단지

어머니는 온갖 고생 속에서도
자식 위해 꿀을 모아 놓은
사랑단지

첫사랑

그저 옆에만 있어도 좋은 사랑
아무 말 안 해도 꿈꾸는 사랑
작은 숨소리에도 귀 기울이는 사랑
또 다른 나를 곁에 주심에 감사하는 사랑

첫눈처럼 다가 와
소복이 쌓인 눈에 처음 발자국 내듯
내 가슴에 낸 발자국

추운 겨울 깊은 숲속
나뭇가지에 눈 내려앉듯
내 가슴에 내려앉은 별 하나

강물처럼 흘러간 세월
희미해진 기억에서
다시 거울을 꺼내 보듯
깨질까봐 조심스레 닦아보는 첫사랑

닮은 것이 아니라 닮아졌다

부부는 어느새 닮아있다
사랑하는 사람과 늘 함께 웃고
말과 생각 바라보는 눈
서로를 따라 하노라면

미소도 닮고 말투도 닮고
걱정 근심 눈물도 함께
행복이 닮아있지만
처음부터 닮은 건 아니었다

세월에 따라 닮음의 차이
사랑하면 할수록
살면 살수록 내 얼굴에
그대 얼굴 박혀 있네

녹차의 향기

새벽 미명 자욱이 내려앉은 녹차 밭 안개
신선의 노니는 옷자락인가

이슬 머금은 어린 순 한 잎 두 잎
고운 아낙 손길 초록 향기 진동 한다

푸름 그대로 숨결 찻잔 속에 담아내려
정든 임 숨결 안에 내려놓으면

태고 향기 굽이치는 차 밭
맑은 새소리 찻잎에 스며들고

아기 다루듯 여러 차례 덖어낸 손길
전설의 차 맛을 위한 장인의 수고로움

참새 부리 같은 작설차도 좋지만
대나무 맺힌 이슬 죽로차가 제 맛인 것을

그윽한 차향 가슴속 깊이 승화되어
민족의 멋과 얼 다례 따라 스며든다

시의 찬미

현세와 내세는
백지 한 장 차이인데
아니 가본 두려움은
내일을 모르는 미래와 어찌 다를까

재물은 육신의 안위를 위해 쓰고
시는 영혼을 노래하는 것

재물의 선함은 삶을 풍요롭게 하고
시는 건강한 정신으로 승화되기에
재물을 불리는 것
시어를 다듬는 것
모두 어려운 고행의 길

보듬는 손길은 아름다워야 하지
악한 재물은 가난만도 못하고
부정한 축재는 행복을 파괴하는 칼날

시는 아무리 많이 써도 좋음은
시 속에는 이미 아름다운 꿀이 있어
슬픔에서 만나는 위로 자가 되고
눈물에서 찾는 행복 안내자가 됨이여

시를 찬미하자
오늘도 시어의 날개를 달자

8월의 하늘

8월의 하늘 아래 활짝 피어난
무궁화 꽃처럼
얼마나 되찾고 싶었던 나라인가
얼마나 보고 싶던 얼굴인가
거리마다 대한독립 만세를 불렀습니다
목이 터져라 외쳤습니다

나라를 위해 희생하신 숭고한 넋이여
나라 잃은 슬픔을 물려주지 않으시려고
임의 끓는 피 허공에 뿌려져
무궁화 꽃으로 피어나고
임의 육체 산하에 심어져
조국의 굳건한 성이 되셨습니다

8월 그 하늘에 울려 퍼진
대한독립을 외치는 함성은
서른여섯 해 어두운 동굴에 갇혀있던
대한민국이 광복의 빛으로 돌아오는
다시는 나라를 잃지 않겠다는
애국애족의 피 맺힌 절규였습니다

이제는 빛나리라 코리아 드림으로
8월 하룻날을 위해 목숨 바친
별처럼 많은 순국영웅 독립투사들이여
이제 우리가 지켜가겠습니다
평화로 이어지는 으뜸의 나라
맑은 8월의 하늘을 바라봅니다

합창의 메아리

그대의 소리를 들으며
함께 하는 행복한 멜로디
노래의 날개를 펴고
우리 사랑의 음성을 실으면

오선지 각자 다른 음표로
서로의 마음을 두드리는 소리
그대가 내게 오는 사랑의 소야곡

난 눈빛만으로도 알 수 있어요
혼자 부르는 노래는 외롭다는 걸
우리는 세레나데를 원하지 않는다는 걸

마음과 마음 함께 다독여주며
하나 되어 울려 퍼지는 속삭임
기쁨에 벅찬 울림이 되어
가슴과 가슴마다 메아리쳐 오네요

아름다운 대청호

일렁이는 윤슬은
하늘이 내비친 구름거울

새털구름 하늘 노닐고
하늬바람 나뭇잎 사이로 간질거리면

시야에 놓인 여유로운 장관에
마음의 호사로움은 물결을 타고

저 멀리 조각배에 마음을 실어
대청호 줄기줄기 달려가고파

깃털 구름 붓 삼아 하늘에
푸른 물감 꾹 찍어 수채화 그려본다

감동

인생은 감동의 연속입니다
내가 숨 쉬는 것도 감동
아름다움을 볼 수 있는 것도
고운 소리를 들을 수 있는 것도
두 발로 내 의지대로 갈 수 있는 것도
무한한 감동입니다

내 마음을 선함으로 가꾸게 하시고
나의 행동을 바르게 움직이게 하시고
사랑의 눈으로 모든 것을 바라보게 하소서

사랑하는 것은 모든 것을 감싸서
나의 감동이 이웃의 감동이 되고
세상으로 이어지는 감동의 가교가 되어
어두움을 밝히는 등불이 되게 하소서

사랑은 사막도 오아시스로 만드는
신 급의 마력이 있다 했는데
내가 꽃피는 오아시스가 되어
사막 같은 곳에도 신선한 생명이 살게 하소서

눈을 감고 눈을 떠도
내 인생이 감동의 연속인 것은
내 안에 당신이 살고 있음을 고백 합니다
기도로 당신에게 다가가는 길
생명을 다하는 뜨거운 감동입니다

레기스탄의 환생

푸른 초원의 말들은 역사의 후예들인가
윤기 흐르는 말의 등에 얹어진 안장
갈기를 휘날리며 달리는 광활한 평원
중앙아시아의 가장 역사 깊은 사마르칸트
칭기즈칸의 무력에도 굴하지 않은 용맹
대제국을 이룬 티모르 황제
다시 환생한 레기스탄
봉황의 날갯짓, 수려한 문양들
금빛의 영화로운 궁전에
봉긋 솟아난 위상은
우즈베키스탄의 자존심
모래바람을 이기고 초원을 누빈
말 탄 기수는 중앙아시아의 표상
레기스탄은 다시 오아시스에 세워져
영화로운 유네스코 세계문화유산으로 빛난다

축복의 땅

사마르칸트 기차에 올라
우르겐치 가는 길
끝없이 펼쳐지는 광야에는
모래와 뿌리내리지 못하는 풀과 잡목들
저수지는 형체만 있을 뿐
수분은 다 말라버린 웅덩이
키 작은 나무는
모래바람을 힘겹게 버티고
바위마저 분해된
회색 적막이 끝없이 펼쳐진다
개척자들 인고의 정신은
문명의 눈을 뜨게 했던 실크로드를 지나
경외와 전율로 다가온다
축복의 땅 끝 고구려 백제 신라의 화랑정신
백두대간 핏줄처럼 흐르는 수맥은
대한민국 금수강산을 수놓으며
사막을 옥토로 탈바꿈하여
아시아를 넘어 중앙아시아까지
대지를 살리는 혈맥이 되고
푸른 숲과 빛나는 물줄기는
실크로드를 따라 핏줄처럼 흐른다

<시평>

온빛 김정희 시인 감성시집
'별 하나의 그리움'

겨레시인 **성 재 경**

    사람의 인연처럼 아름다운 것이 또 있을까.
    부모도 부부도 스승도 친구도 거기에 태어난 나라도 인연법에 들어있다.
    나는 사람을 처음 만났을 때 '우리의 만남은 하늘에서 언제 어디서 만나라는 뜻'이 있었다고 늘 이야기 한다.
    세상에서 가장 소중한 것이 사랑이라면 그 어떤 사랑도 인연이 전제되어야 되기 때문이다.
    내가 김정희 시인을 만난 것도 특별한 인연이 있기에 서두에서 언급한다.
    우리가 처음 만난 곳은 아우내장터 유관순열사께서 만세 부르다 잡혀가신 역사적인 현장에서였다.
    지금도 1일과 6일 5일장이 열리는 아우내장터가 끝나는 곳에 아우내독립만세운동 기념공원이 건물에 가로막힌 채 다소곳이 놓여있다.

이곳에서 매달 1일 오후 1시면 비가 오나 눈이 오나 바람이 부나 어김없이 유관순애국시단 추모행사가 열리는데 나와 몇몇이 의기투합하여 10년 전에 창단된 단체로 이미 120회를 넘길 만큼 온갖 풍상을 겪은 그곳에 3년 전 김정희 시인이 오게 되었다.

　대전에 본부를 둔 코리아 시낭송이라는 단체의 일원으로 참여하여 내 시를 낭송했는데 감동이 넘치는 무대였다.

　미모를 포함한 외모도 수려했고 청산의 메아리 같은 목소리로 외치던 시낭송은 울림 깊은 명곡으로 다가왔다.

　먼저 온빛 시인의 시 한편 감상하자.

일제의 총칼에 무참히 짓밟힌
삼천리 금수강산 내 나라 내 민족
대한 사람을 일본사람 만들려고
이름까지 바꿔야 했던 어두운 통로

애타게 독립을 부르짖던 가슴속의 한
유관순 열사의 하늘 끝 외침은
아우내장터 타오르는 횃불이 되어
삼천리 방방곡곡 민족혼으로 살아나
용광로처럼 끓어오르는 애국심
스스로 자기 몸을 태우는
도화선의 불꽃으로 사라지던 님이여

내 한 목숨 바쳐 독립을 되찾고자
죽기를 서슴지 않던 위대하신 열사여!
"나라에 바칠 목숨이
오직 하나밖에 없는 것이
이 소녀의 유일한 슬픔입니다."
그 목숨 헛되지 않아
위대한 대한민국 바로 섰으니

이젠 우리가 지켜가겠습니다
다시는 나라 빼앗기는 슬픔 없이
눈 부릅뜨고 똘똘 뭉쳐
아름다운 우리나라 영원히 지키리니
하얀 날개 붉은 입술 무궁화 꽃으로
해마다 우리 가슴에 피어나소서

- 유관순 열사를 기리며 전문

    김정희 시인은 아우내장터에서 나의 시를 낭송하면서도 자기만의 시를 가슴에 품고 원래 나라사랑의 길에 앞장섰던 뜨거운 애국심을 유관순 열사에게 헌정의 시로 바친 것이다.
    탑골공원에서 시작된 독립만세운동이 전국으로 들불처럼 번진 기폭제가 되었던 아우내장터 현장에서 19분이 순국하고 30분이 부상당하고 유관순열사는 손발이 묶여 끌려간 채 영영 살아서 돌아오지 못한 고향!

김정희 시인은 유관순 열사의 한을 가슴으로 받아들이고 시로 승화하여 다시는 나라 잃은 슬픔 없이 대한민국을 지켜나가겠다는 결연한 의지를 영혼에 담았으리라.
이렇듯 아우내장터에서 만난 겨레시인과 온빛시인은 사제지간이 되었고 나의 여러 제자 중에서도 몇 안 되는 애자로 미래가 기대된다.

　김정희 시인은 별에 대한 사랑도 유별나다. 그 별에 대한 사랑은 결국 자연에 대한 사랑으로 사람의 궁극적인 면을 들여다보면서 시어로 천착해나가고 있다.
　시집 제목을 두고 고뇌가 있었을 텐데 최종 선택한 표제시를 만나보자.

까만 밤 무수히 많은 별들이
내 까만 눈 속에 쏟아져 내리고
어느 빛난 별 하나
가슴에 담아 꿈을 그리네
수많은 별 중에 섬광으로 다가와
고운 꿈꾸게 한 그 별

별 요정 만나
다이아몬드 촘촘히 박힌
드레스와 유리 구두 신고
은하수 다리 건너 구름 마차 타면
나는 어느 듯 별나라 공주

산을 사랑한 별은
산마루에 내려앉고
나무를 사랑 한 별
나뭇가지에 걸터앉듯 걸려도
수 억 광년을 돌고 돌아
내 눈 속에 내려앉은
그 별 하나
새벽이면 또다시
온 길로 돌아가나니

아직 하고 싶은 얘기는
입도 못 떼었는데
헤어짐이 못내 아쉬워
쏟아지는 은하수 물결에 어려 오는
애틋한 그리움
언제 다시 만날 수 있을까
하늘 가득 달무리 별무리만 빛나네

- 별 하나의 그리움 전문

    동서고금을 막론하고 시인 중에서 별이라는 주제로 시를 쓰지 않은 시인이 있을까.
    별은 이미 이상과 동경의 대명사가 되어 별에게 슬픔과 그리움과 한을 이입하여 시의 소재로 삼는 것은 모든 시인이 초월하지 못한 보석 같은 것으로 나도 예외가 아니지만 세상에 똑같은 별의 노래가 없듯이 김정희 시인도 계절과 환경에 따라 별에게 감정과 눈물을 퍼붓고 있는 것이다. 이 시 외에도 '가을별밤 이야기'를 일독할 것을 권해드린다.

김정희 시인의 어머니 사랑도 효심도 각별하다. 여기 수록된 93편의 시 중에서 어머니와 직간접적으로 연관된 시가 상당한 것은 그에 대한 방증이다.

어머니에 대한 많은 시 중에서 한편을 감상하기로 하자.

아직도 나에게 시간은 있는 것일까
조금 철들어 은혜를 갚으려하니
너무 늦었다는 어머니 말씀에
가슴 한가운데 큰바람이 지나간다

맛난 것도 사드리려 해도
맛을 못 느끼시고
여기저기 구경시켜 드리려 해도
걸음걸이가 힘드시고

모든 일손 내려놓고
편히 쉬시라 해도
안 아프신 곳이 없다하시네
뒤늦은 회한으로 매일 밤
어머니 곁에서 시간이 멈춰지고
안타까움에 밤새 서성거려도
별빛조차 희미해지는 마음

입맛이 없으신 어머니를 위해
새벽마다 구수한 누룽지 죽을 쑤고
어떻게든 소생시키고파
간절한 기도처럼 아침상을 올린다

아직 늦지 않기를 바라는 마음으로
저어하는 시간
몸부림 같은 내 영혼의 물결로
어머니 눈물 같은 사랑이 흐른다

- 아직 늦지 않기를 전문

그렇다. 어머니는 시인들에게 늘 풍성한 식탁이었다.
어머니라는 식재료로 무엇을 만들어도 맛있고 이런 저런 음식 만들어 차려놓으면 진수성찬이 되는 것이다.
요즈음 시낭송대회에서 대상을 받는 사람도, 시낭송 모임에서 갈채를 받는 사람도 어머니를 주제로 한 시가 알파요 오메가가 되었고 충효를 귀히 여기는 민족의 특성상 그러한 현상은 계속될 것이다.
김정희 시인의 어머니에 대한 시들을 고찰해보면 우선 심상치 않은 제목들을 만나게 된다.
'바다와 어머니' '나의 어머니' '어머니의 텔레파시' '어머니의 초능력' '어머니의 문전옥답' '어머니의 삶' '어머니의 물지게' '어머니의 빨래터'… 이 밖에도 제목에 어머니를 붙이지 않았지만 많은 시 속에 어머니에 대한 사랑이 뼛속까지 들어차 있음을 알 수 있다.

   사람들은 말한다. 꽃을 싫어하는 사람은 마음이 악한 사람이라고. 꽃 또한 시의 주재와 소재로서 일반적인 매개체가 아닐까 한다.
   꽃이라는 단어로 시를 쓰지 않은 시인이 있다면 특별한 상황에 처해 있을 것이다. 그렇지 않고는 꽃이라는 달콤한 유혹을 피해갈 재주가 없기 때문이다.
   김정희 시인의 여러 꽃 중에서 나는 할미꽃을 관심 있게 바라보았다.

무덤가 고즈넉하게
고개 숙인 할미꽃

오실 임 기다리다
머리 하얗게 이어도

가슴속에
진홍빛 타는 그리움

누가 알리오

떠나실 때
봄에는 돌아오마

양지 쪽 자꾸만 숙여져
아픔은 고개를 넘는데

붉은 황토 타들어 가는
모진 기다림

누가 알리오

- 할미꽃 전문

  여운이 많이 남는 작품이다. 여운 속에 눈물이 고인다.
  기다림을 숙명으로 받아들여도 진홍빛 꽃 속과 붉은 황토는 가슴이 아리다.
  누가 알리오… 반복법의 묘미가 여기에 있다.
  영월 동강에는 특이한 할미꽃이 핀다. 고개를 빳빳하게 세우고 바위틈에서 연분홍 자태를 뽐내지만 우리가 아는 할미꽃은 무덤가에서 고개를 푹 숙이고 피어나 우리에게 가슴앓이를 심어준다. 그래서 이름도 할미꽃일 텐데 김정희 시인의 할미꽃은 독립을 위해 가족을 떠난 남편을 기다리는 '꽃망부석' 다시 말하면 '망부화(望夫花) 같은 아내가 연상이 된다.

한권의 시집에는 평소 시심이 일렁일 때마다 시를 모으고 저장한 흔적이 쉽게 발견되는데 그 중에도 신앙시도 한몫을 하리라 생각한다.

김정희 시인은 독실한 기독교인으로 오라버니께서도 목사님일 만큼 하나님과의 관계가 매우 가깝다.

내 주여 주의 은혜가
어찌 그리 감사 하온지요
나의 온 몸과 영혼이
주를 찬미 하나이다

하늘의 영광 땅의 영광
주님 홀로 받으소서
나의 모든 행사를
주님께 맡기었사오니

내가 처한 모든 형편을 아시고
피할 곳과 안식할 곳 주시니
이 하루도 염려 없습니다
주께서 나를 이끄시는 곳
어디든지 내 사명 있는 곳이니
늘 주의 사랑 내 안에 거하소서

나는 아무 걱정 없습니다
아멘^^

- 아침의 기도 전문

신앙 시 치고는 매우 간결하다. 이처럼 믿음은 간결해야 한다.

일상을 주님께 맡기면 되는 것을 복잡하게 엉킬 필요가 없는 것이다.

무엇을 달라고 울부짖는 기복신앙이나 입으로는 하나님을 말하면서도 손으로는 전혀 크리스찬이 아닌 사람들의 세상에서, 참 신앙은 나를 주께 맡기고 주님을 믿고 따르며 아무 걱정이 없다는 고백, 이 하루도 아멘으로 시작하고 아멘으로 마감하면 되는 것이다.

그런 맥락에서 신앙 시는 기도문이어야 하고 평안을 추구하는 읊조림이라할 때 김정희 시인의 시는 필요충분을 갖추었다고 할 수 있다.

시인은 곧잘 그림이나 춤 등 정적 동적 예술에서 감명을 받고 시로 표현하고픈 충동을 느끼는 것은 당연하고 필요한 일이라 생각한다.

고대 그리스에서 '그림은 말없는 시요 시는 말하는 그림'이라 했듯이 '춤은 움직이는 시요 시는 말하는 춤'이라는 것이 나의 지론이다.

온빛시인이 살풀이춤을 보면서 내적 흥이 일고 시적 감각에 접근했다면 이미 춤과 시를 같은 영적공간에서 보고 있다고 할 수 있을 것이다.

넋을 위로하는 살풀이를 시로 느껴보자.

현충원 비석 돌 사이에서
소복의 중년 여인
긴 수건 바람에 실어
이을 듯 끊어질 듯
살풀이를 밟는다

명을 다 하지 못 하고
나라 위해 순국하신 님
무덤에 내리는 햇살 같은
혼과 넋을 위로하누나

버선발로 사뿐히 내딛고
허공을 넘나들며 흩뿌리는
하얀 비단의 몸부림처럼
마지막 한을 풀어낸다

표정조차 바람에 풀어진
무녀의 하얀 춤사위는
날 세운 푸른 잔디의 끝을
혼의 무게로 살포시 밟고
넋을 입은 듯 홀려있다

- 살풀이 전문

현충원에 잠든 영령들을 위로하는 살풀이가 한창인데 시인의 눈에는 무덤에 내리는 햇살 같은 영혼이 보이고 중년의 무녀가 춤 속에 가둔 한이 보인다.

순간포착이라고 해야 할까. 슬픔의 접신이라 해야 할까. 김정희 시인도 어느새 현충원 빗돌을 쓸어가는 바람처럼 춤사위에 동화되는 자신을 시어 속에 가두고 있었을 것이다.

시를 쓰는 일은 나이를 헝클어버리는 것일 수도 있다.

은하계가 빛을 지구로 보내 닿는 시간이 수십억 광년이라는데 시인은 단시간에 시간여행을 할 수도 있고 상상의 특급열차를 타고 세월을 거슬러 오를 수도 있는 것이다.

할아버지는 왕자가 되고 소년이 되고 할머니는 공주가 되고 소녀가 되고, 이것은 모두가 갖고 있는 일반적인 생각인데 시인은 좀 더 구체화 시켜 아름다운 전개를 시작한다는 차이가 있을 것이다.

이제 봄날의 정령 같은 아니 봄 공주 아바타를 만나보자.

어느 비단이 이 꽃잎보다 아름다울까
선녀의 날개옷이 이 꽃잎 같았을까
봄 햇살에 빛나는 꽃들의 뽐냄
이 고운 빛깔은 어느 세상에서 온 것일까

나는 진달래 분홍 꽃잎으로
플레어 원피스 지어 입고
목련 꽃잎으로 챙 넓은 모자를 만들어
그 위에 한아름 벚꽃을 장식하고

민들레꽃으로 원피스 단추를 달아야지
신데렐라 유리 구두 앞에는
개나리꽃 노란 리본을 붙이고
온 동네 봄나들이 가고 싶다

조팝나무 하얀 줄기 꽃으로
짧은 목걸이랑 팔찌 만들어 끼고
아지랑이 따다 양탄자 엮어서
가장자리에 노랑나비 하얀나비 수놓아

나비들이 이끄는 손 마주잡고
앞장서라 나비야 봄 공주님 나가신다
꽃 피는 들녘 봄바람 부는 산속
나비랑 춤추며 봄나들이 가고 싶다

- 봄나들이 전문

  우리는 늘 봄을 기다린다. 만물이 소생하는 계절이기도 하지만 얼음장 추위에서 해방되는 길은 오직 봄 밖에 없기 때문이다.

꽃과 나비로 대변되는 풍경이 우리를 들뜨게 하고 신나고 신비롭게 한다면 김정희 시인은 아주 작정을 하고 봄 여행을 가고 있다.

진달래 원피스, 벚꽃 수놓은 목련 모자, 민들레 단추와 개나리 리본, 조팝꽃 목걸이 팔찌, 아지랑이 양탄자까지 완전히 요정 행장이다.

이렇듯 시적 행보에는 아름다움이 있고 꿈이 있고 즐거운 희망이 있는 것이리라.

이 시집으로 인하여 날마다 봄나들이 가는 온빛 김정희 시인의 나날이 될 것을 믿어 의심치 않으며 시평을 접으려 한다.

나는 열 번째 같은 이 첫 시집이 많은 독자들에게 회자되기를 바란다.

또한 온빛 김정희 시인이 지금처럼 끝없는 열정으로 시를 쓰고 대한민국 시인으로 우뚝 서서 불후의 명시를 남기기를 소망한다.

온빛 김정희 시인 감성시집

 하나의 그리움

1쇄발행 2025년 10월 14일

지은이 김정희
펴낸이 정수연
펴낸곳 도서출판 여름
등록 제1998년 9월 2일(제2-2626호)
주소 서울 중구 을지로 20길 32-16
전화 02-2278-6990
E-mail design6990@naver.com

ISBN 979-11-92943-09-1   03800

값 13,000원

저자와의 합의하에 인지는 생략합니다.
잘못된 책은 구입하신 서점에서 교환하여 드립니다.